Impressum
Verlag: BABADADA GmbH, Nedderfeld 112 , 22529 Hamburg
Geschäftsführer / Verlagsleitung: Harald Hof
Druck: Books on Demand GmbH, In de Tarpen 42, 22848 Norderstedt

Imprint
Publisher: BABADADA GmbH, Nedderfeld 112 , 22529 Hamburg, Germany
Managing Director / Publishing direction: Harald Hof
Print: Books on Demand GmbH, In de Tarpen 42, 22848 Norderstedt, Germany

škola
Šola

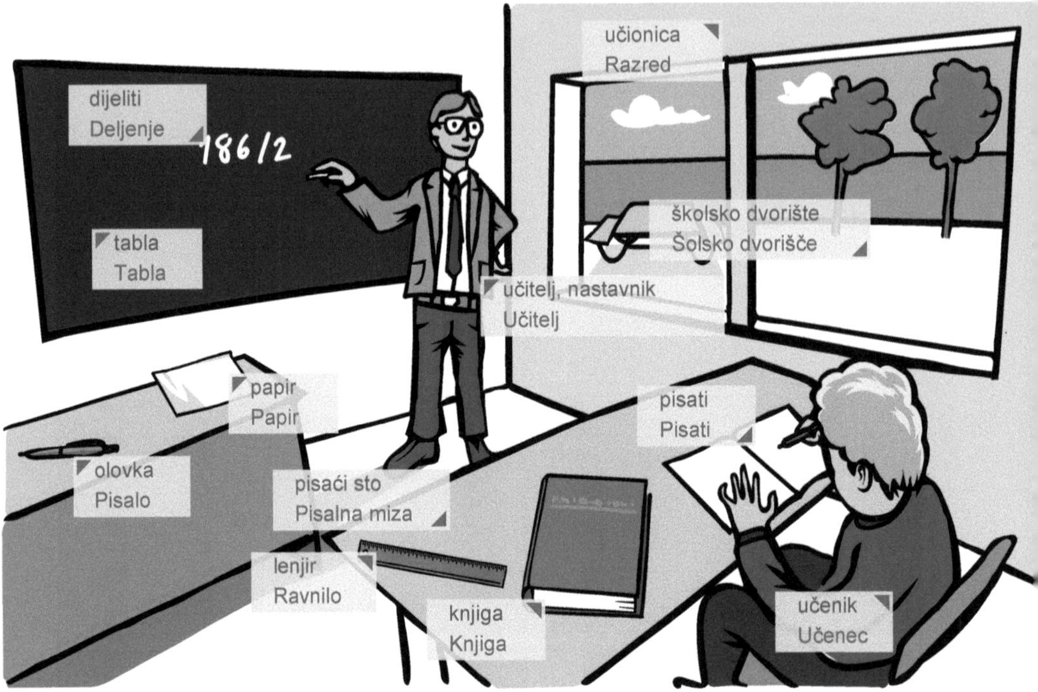

dijeliti
Deljenje
186/2
tabla
Tabla
učionica
Razred
školsko dvorište
Šolsko dvorišče
učitelj, nastavnik
Učitelj
papir
Papir
pisati
Pisati
olovka
Pisalo
pisaći sto
Pisalna miza
lenjir
Ravnilo
knjiga
Knjiga
učenik
Učenec

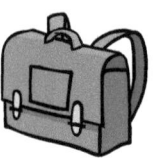

torba
Šolska torba

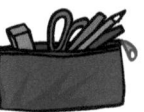

pernica
Peresnica

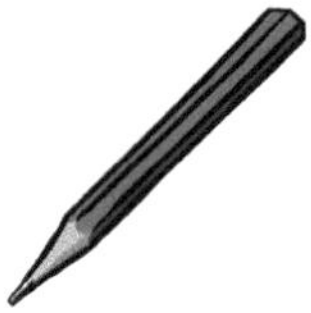

drvena olovka
Svinčnik

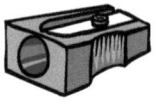

šiljalo za olovke
Šilček

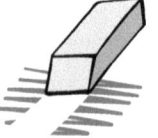

gumica
Radirka

blok za crtanje
Risalni blok

crtež

Risba

kist

Čopič

kutija s bojama

Vodene barvice

makaze

Škarje

ljepilo

Lepilo

vježbanka

Zvezek

domaća zadaća

Domača naloga

broj

Število

sabirati

Seštevanje

oduzimati

Odštevanje

množiti

Množenje

računati

Računanje

slovo

Črka

abeceda

Abeceda

riječ

Beseda

tekst

Besedilo

čitati

Brati

kreda

Kreda

sat

Učna ura

školski dnevnik

Redovalnica

ispit

Preizkus znanja

svjedočanstvo

Spričevalo

školska uniforma

Šolska uniforma

izobrazba

Izobrazba

leksikon

Enciklopedija

univerzitet

Univerza

mikroskop

Mikroskop

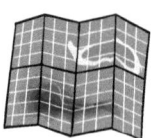

karta

Zemljevid

korpa za papir

Koš za smeti

putovanje
Potovanje

hotel
Hotel
Grand
hostel
Hostel
ROOMS
EXCHANGE
mjenjačnica
Menjalnica
kofer
Kovček
auto
Avtomobil

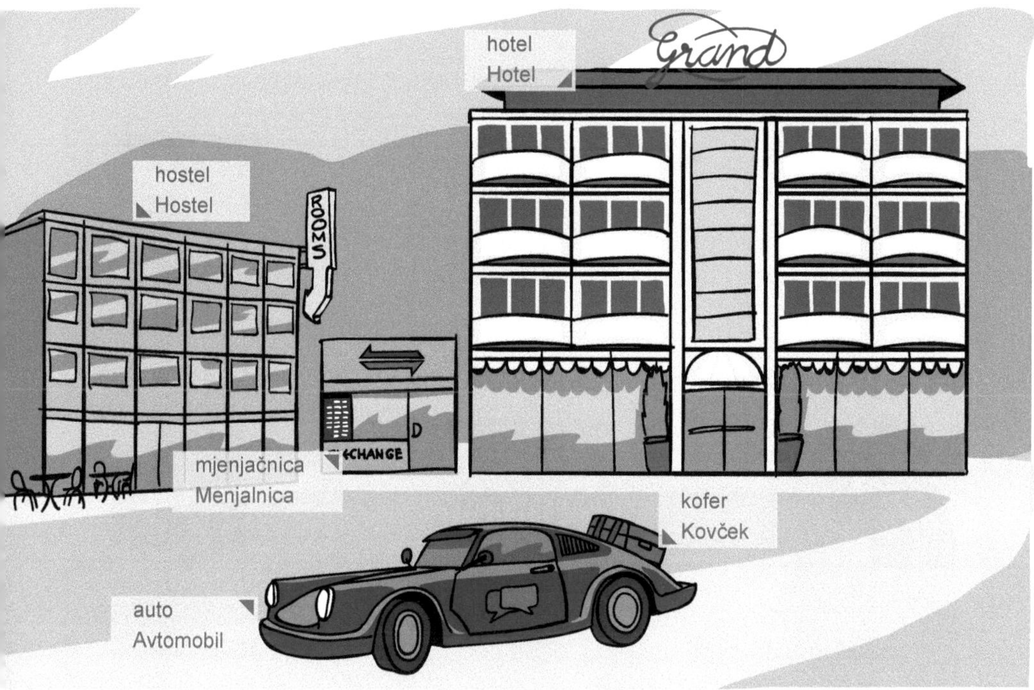

jezik

Jezik

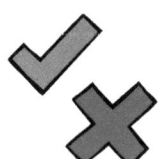

da / ne

da / ne

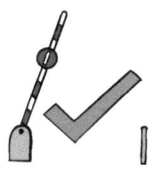

okej

Prav

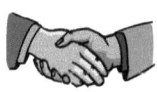

zdravo

Pozdravljeni

tumač

Prevajalec

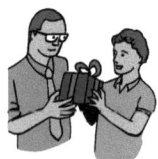

hvala

Hvala

Koliko košta...?

Koliko stane...?

Ne razumijem

Ne razumem

problem

Težava

dobro veče!

Dober večer!

Dobro jutro!

Dobro jutro!

Laku noć!

Lahko noč!

doviđenja

Nasvidenje

smjer

Smer

prtljag

Prtljaga

torba

Torba

ruksak

Nahrbtnik

gost

Gost

soba

Soba

vreća za spavanje

Spalna vreča

šator

Šotor

turističke informacije

Turistične informacije

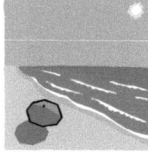

plaža

Plaža

kreditna kartica

Kreditna kartica

doručak

Zajtrk

ručak

Kosilo

večera

Večerja

putna karta

Vozovnica

lift

Dvigalo

poštanska markica

Znamka

granica

Meja

carina

Carina

ambasada

Veleposlaništvo

viza

Vizum

pasoš

Potni list

transport
Prevoz

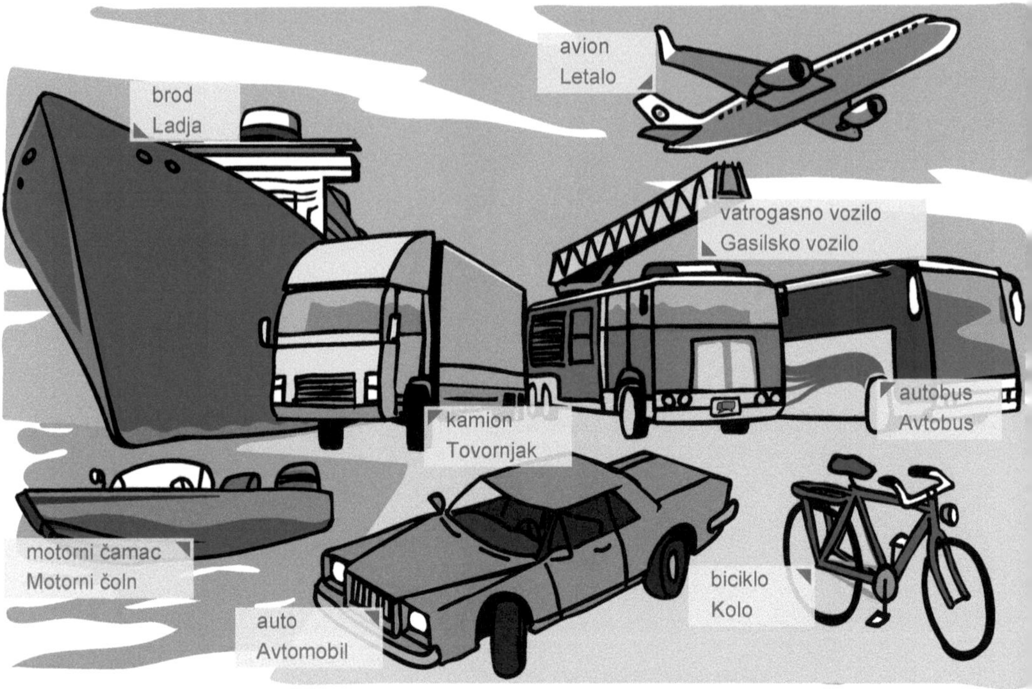
avion
Letalo
brod
Ladja
vatrogasno vozilo
Gasilsko vozilo
autobus
Avtobus
kamion
Tovornjak
motorni čamac
Motorni čoln
biciklo
Kolo
auto
Avtomobil

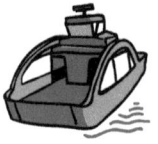

trajekt

Trajekt

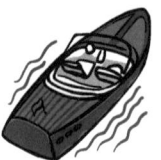

brod

Čoln

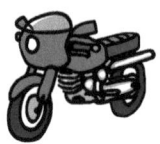

motocikl

Motorno kolo

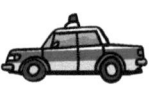

policijski automobil

Policijski avto

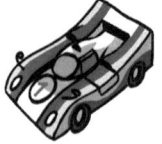

trkaći automobil

Dirkalni avto

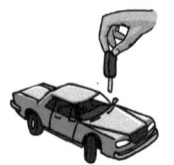

unajmljeni automobil

Najeto vozilo

kar-šering

Souporaba avtomobila

pauk

Avtovleka

smećarsko vozilo

Smetarsko vozilo

motor

Motor

gorivo

Gorivo

benzinska pumpa

Bencinska postaja

saobraćajni znak

Prometni znak

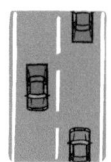

saobraćaj

Promet

zastoj

Zastoj

parking

Parkirišče

željeznička stanica

Železniška postaja

šine

Tirnice

voz

Vlak

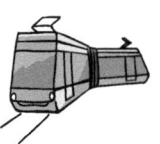

tramvaj

Tramvaj

vagon

Vagon

helikopter

Helikopter

aerodrom

Letališče

toranj

Stolp

putnik

Potnik

kontejner

Kontejner

karton

Karton

tačke

Voziček

korpa

Košara

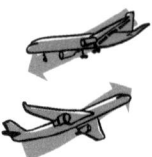

poletjeti / sletjeti

vzleteti / pristati

grad

Mesto

selo

Vas

centar grada

Mestno jedro

kuća

Hiša

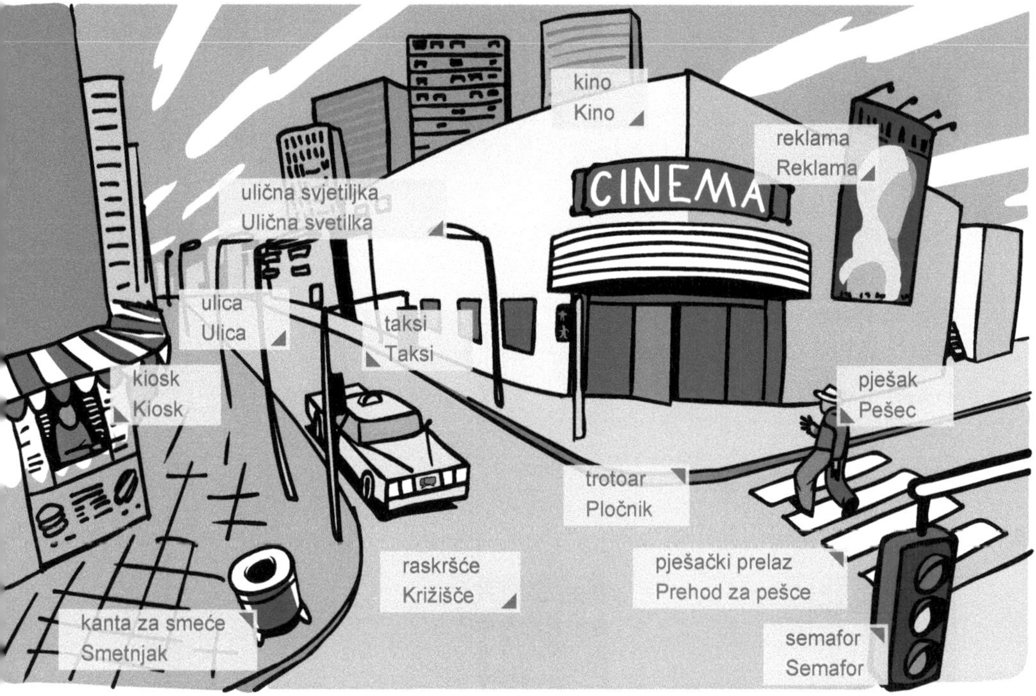

kino
Kino

reklama
Reklama

ulična svjetiljka
Ulična svetilka

CINEMA

ulica
Ulica

taksi
Taksi

kiosk
Kiosk

pješak
Pešec

trotoar
Pločnik

raskršće
Križišče

pješački prelaz
Prehod za pešce

kanta za smeće
Smetnjak

semafor
Semafor

koliba
Koča

stan
Stanovanje

željeznička stanica
Železniška postaja

vjećnica
Mestna hiša

muzej
Muzej

škola
Šola

univerzitet

Univerza

banka

Banka

bolnica

Bolnišnica

hotel

Hotel

apoteka

Lekarna

ured

Pisarna

knjižara

Knjigarna

radnja

Trgovina

cvjećara

Cvetličarna

supermarket

Supermarket

pijaca

Tržnica

robna kuća

Veleblagovnica

prodavač ribe

Ribarnica

trgovački centar

Nakupovalno središče

luka

Pristanišče

grad - Mesto

park

Park

klupa

Klop

most

Most

stepenice

Stopnice

podzemna željeznica

Podzemna železnica

tunel

Predor

autobuska stanica

Avtobusno postajališče

bar

Bar

restoran

Restavracija

poštanski sandučić

Poštni nabiralnik

saobraćajni znak

Ulična tabla

sat za naplatu parkinga

Parkirna ura

zoološki vrt

Živalski vrt

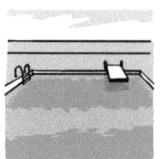

bazen

Kopališče

džamija

Mošeja

seosko imanje

Kmetija

zagađenje okoline

Onesnaževanje

groblje

Pokopališče

crkva

Cerkev

igralište

Otroško igrišče

hram

Tempelj

krajolik
Pokrajina

list
List

putokaz
Kažipot

putokaz
Pot

livada
Travnik

kamen
Kamen

drvo
Drevo

putnik
Pohodnik

rijeka
Reka

trava
Trava

cvijet
Cvetlica

dolina

Dolina

brdo

Hrib

jezero

Jezero

šuma

Gozd

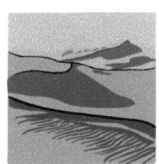

pustinja

Puščava

vulkan

Vulkan

dvorac

Grad

duga

Mavrica

gljiva

Goba

palma

Palma

komarac

Komar

muha

Muha

mrav

Mravlja

pčela

Čebela

pauk

Pajek

buba
Hrošč

žaba
Žaba

vjeverica
Veverica

jež
Jež

zec
Zajec

sova
Sova

ptica
Ptič

labud
Labod

divlja svinja
Divji prašič

jelen
Jelen

los
Los

brana
Jez

vjetrenjača
Vetrnica

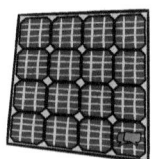

solarni modul
Solarna plošča

klima
Podnebje

restoran
Restavracija

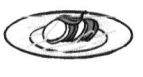

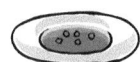

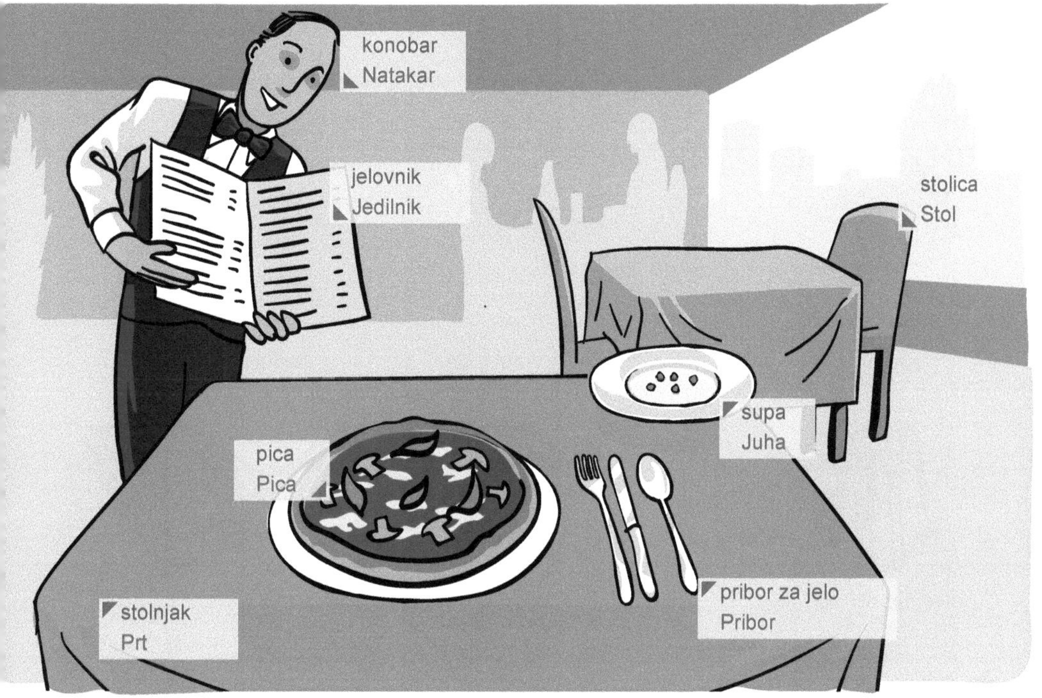
konobar
Natakar
jelovnik
Jedilnik
stolica
Stol
supa
Juha
pica
Pica
stolnjak
Prt
pribor za jelo
Pribor

predjelo

Predjed

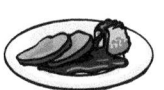

glavno jelo

Glavna jed

desert

Sladica

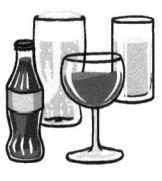

piće

Pijače

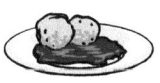

jelo

Hrana

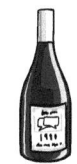

flaša

Steklenica

brza hrana

Hitra hrana

jelo sa ulice

Ulična hrana

čajnik

Čajnik

šećernica

Sladkornica

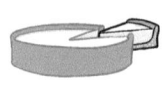

porcija

Porcija

mašina za espreso

Aparat za espresso

barska stolica

Stolček za hranjenje

račun

Račun

tacna

Pladenj

nož

Nož

viljuška

Vilica

kašika

Žlica

kašičica

Čajna žlička

salveta

Servieta

čaša

Kozarec

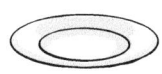

tanjir

Krožnik

tanjir za supu

Globoki krožnik

tanjurić

Krožniček

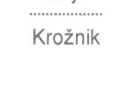

sos

Omaka

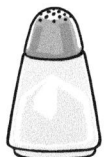

solanik

Solnica

mlin za biber

Mlinček za poper

sirće

Kis

ulje

Olje

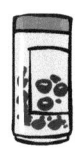

začini

Začimbe

kečap

Kečap

senf

Gorčica

majoneza

Majoneza

supermarket
Supermarket

ponuda
Posebna ponudba
klijent
Stranka
FOR
mliječni proizvodi
Mlečni izdelki
voće
Sadje
kolica za kupovinu
Nakupovalni voziček

BUTCHERS

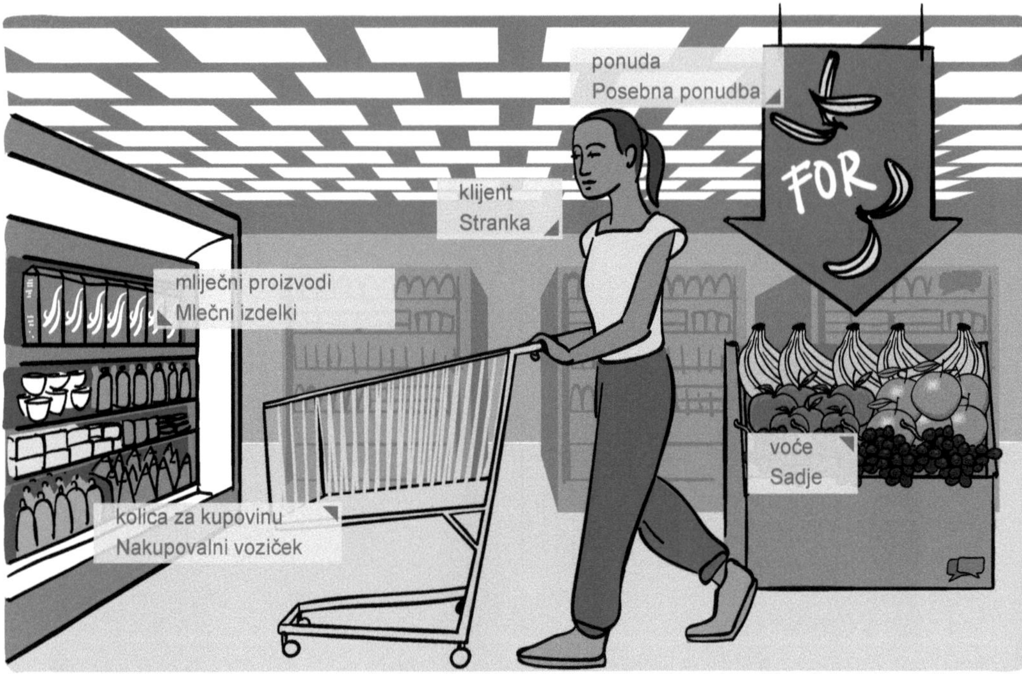

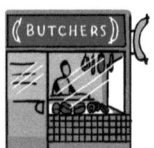

mesnica- klaonica

Mesnica

BAKERY

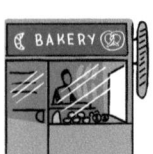

pekara

Pekarna

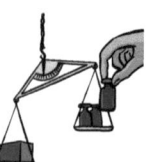

vagati

Tehtati

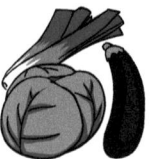

povrće

Zelenjava

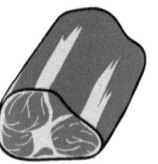

meso

Meso

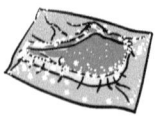

zaleđena hrana

Zamrznjena hrana

narezak

Hladne mesnine

konzerve

Konzerve

prašak za veš

Pralni prašek

slatkiši

Sladkarije

kućanski proizvodi

Gospodinjski izdelki

sredstvo za čišćenje

Čistilno sredstvo

prodavačica

Prodajalka

kasa

Blagajna

blagajnik

Blagajnik

lista za kupovinu

Nakupovalni seznam

radno vrijeme

Delovni čas

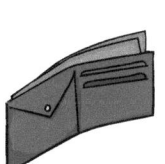

novčanik

Denarnica

kreditna kartica

Kreditna kartica

torba

Torba

najlonska vrećica

Plastična vrečka

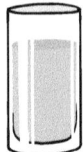

voda

Voda

sok

Sok

mlijeko

Mleko

kola

Kola

vino

Vino

pivo

Pivo

alkohol

Alkohol

kakao

Kakav

čaj

Čaj

kafa

Kava

espreso

Espresso

kapućino

Kapučino

banana
Banana

jabuka
Jabolko

narandža
Pomaranča

lubenica
Lubenica

limun
Limona

mrkva
Korenje

bijeli luk
Česen

bambus
Bambus

crveni luk
Čebula

gljiva
Goba

orašasti plodovi
Oreščki

pasta
Rezanci

špagete

Špageti

riža

Riž

salata

Solata

pomfrit

Ocvrt krompirček

pečeni krompir

Pečen krompir

pica

Pica

hamburger

Hamburger

sendvič

Sendvič

šnicla

Zrezek

šunka

Šunka

kobasica

Salama

kobasica

Klobasa

kokoš

Piščanec

pečenje

Pečenka

riba

Riba

zobene pahuljice

Ovseni kosmiči

muzli

Musli

kornfleks

Koruzni kosmiči

brašno

Moka

kroason

Rogljiček

zemičke

Žemlja

kruh

Kruh

tost

Prepečenec

keksi

Piškoti

maslac

Maslo

svježi sir

Skuta

kolač

Torta

jaje

Jajce

jaje na oko

Pečeno jajce na oko

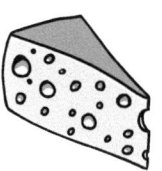

sir

Sir

jelo - Hrana

sladoled

Sladoled

šećer

Sladkor

med

Med

marmelada

Marmelada

nugat krema

Čokoladni namaz

kuri

Kari

seosko imanje
Kmetija

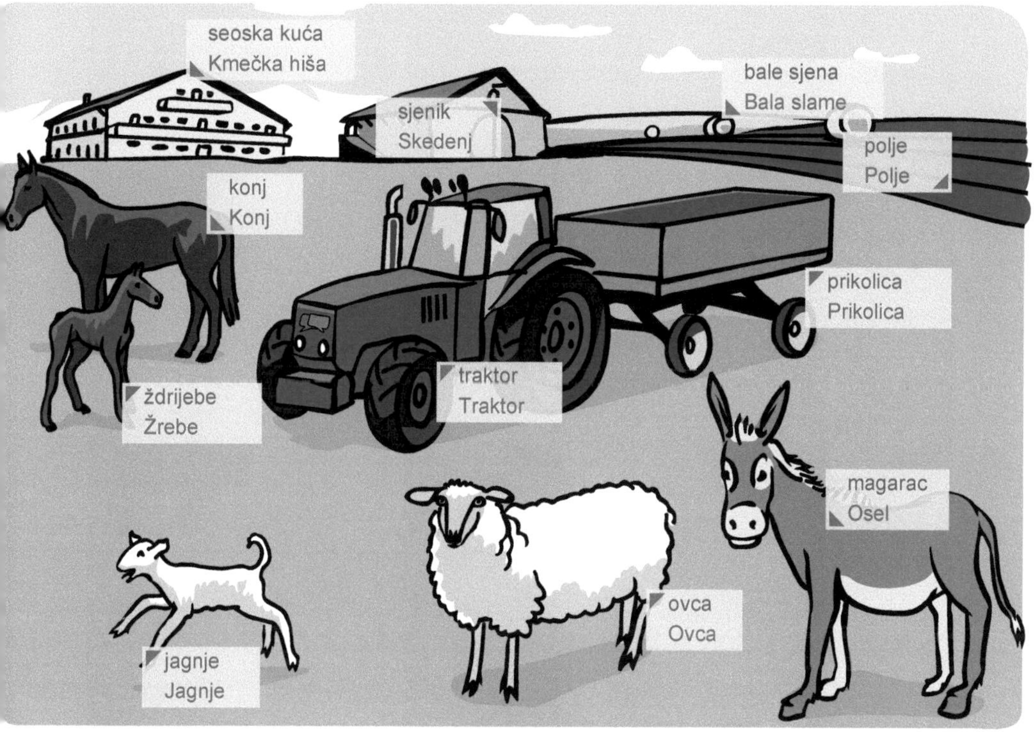

seoska kuća
Kmečka hiša
sjenik
Skedenj
bale sjena
Bala slame
polje
Polje
konj
Konj
prikolica
Prikolica
traktor
Traktor
ždrijebe
Žrebe
magarac
Osel
ovca
Ovca
jagnje
Jagnje

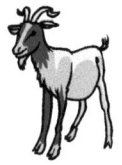

koza

Koza

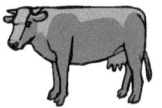

krava

Krava

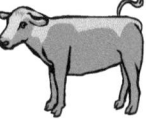

tele

Tele

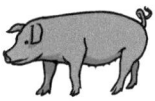

svinja

Prašič

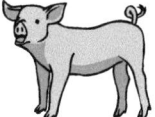

prase

Pujsek

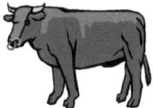

bik

Bik

guska

Gos

patka

Raca

pile

Piščanec

kokoška

Kokoš

pjetao

Petelin

pacov

Podgana

mačka

Mačka

miš

Miš

vol

Vol

pas

Pes

pseća kućica

Pasja uta

crijevo za baštu

Cev za zalivanje

kanta za zalijevanje

Kangla za zalivanje

kosa

Kosa

plug

Plug

srp
Srp

motika
Motika

vile
Vile

sjekira
Sekira

tačke
Samokolnica

korito
Korito

bokal za mlijeko
Kangla za mleko

vreća
Vreča

ograda
Ograja

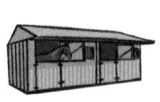

štala
Hlev

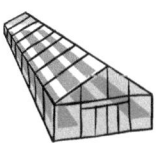

staklenik
Rastlinjak

tlo
Prst

sjeme
Seme

đubrivo
Gnojilo

kombajn
Kombajn

kositi

Žeti

žetva

Žetev

jam korijen

Jam

pšenica

Pšenica

soja

Soja

krompir

Krompir

kukuruz

Koruza

uljana repica

Oljna ogrščica

drvo voća

Sadno drevo

manioka

Maniok

žito

Žito

kuća
Hiša

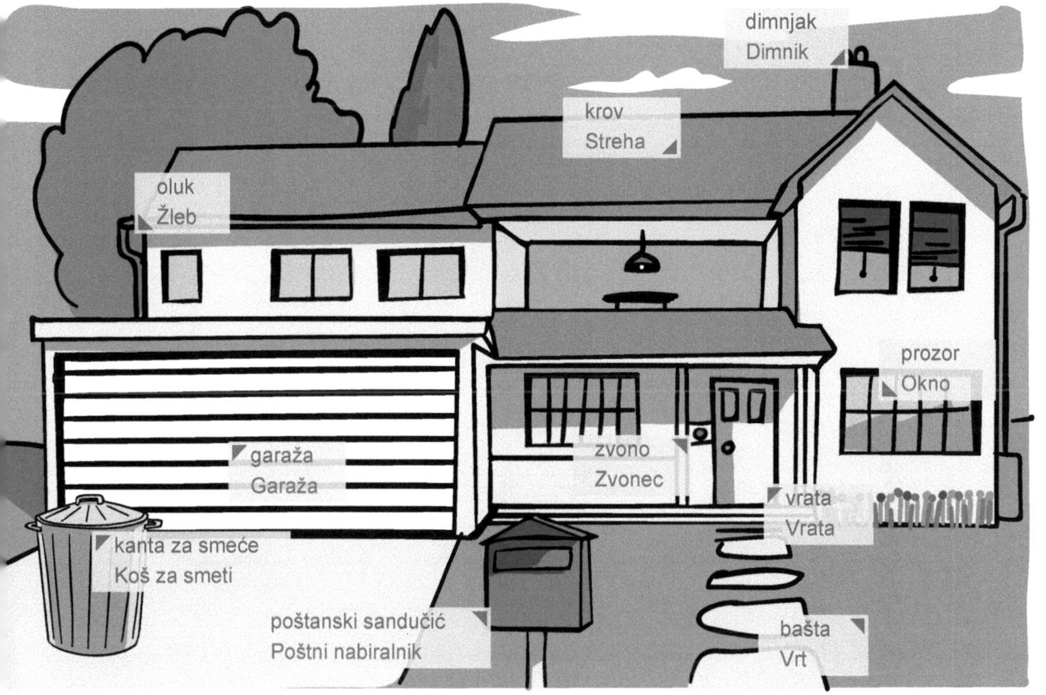
dimnjak
Dimnik
krov
Streha
oluk
Žleb
prozor
Okno
garaža
Garaža
zvono
Zvonec
vrata
Vrata
kanta za smeće
Koš za smeti
poštanski sandučić
Poštni nabiralnik
bašta
Vrt

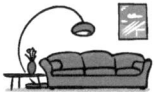

dnevni boravak

Dnevna soba

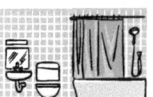

kupatilo

Kopalnica

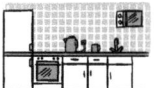

kuhinja

Kuhinja

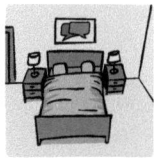

spavaća soba

Spalnica

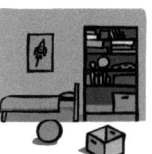

dječija soba

Otroška soba

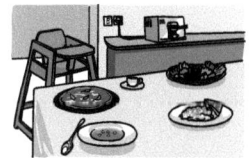

trpezarija

Jedilnica

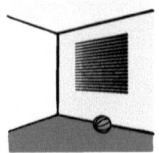

pod, tlo

Tla

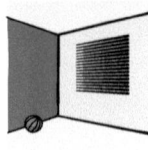

zid

Stena

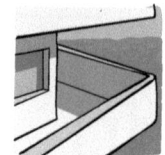

plafon

Strop

podrum

Klet

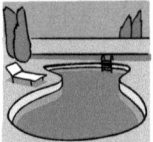

sauna

Savna

balkon

Balkon

terasa

Terasa

bazen

Bazen

kosilica

Kosilnica

posteljina

Rjuha

pokrivač

Posteljno pregrinjalo

krevet

Postelja

metla

Metla

kanta

Vedro

prekidač

Stikalo

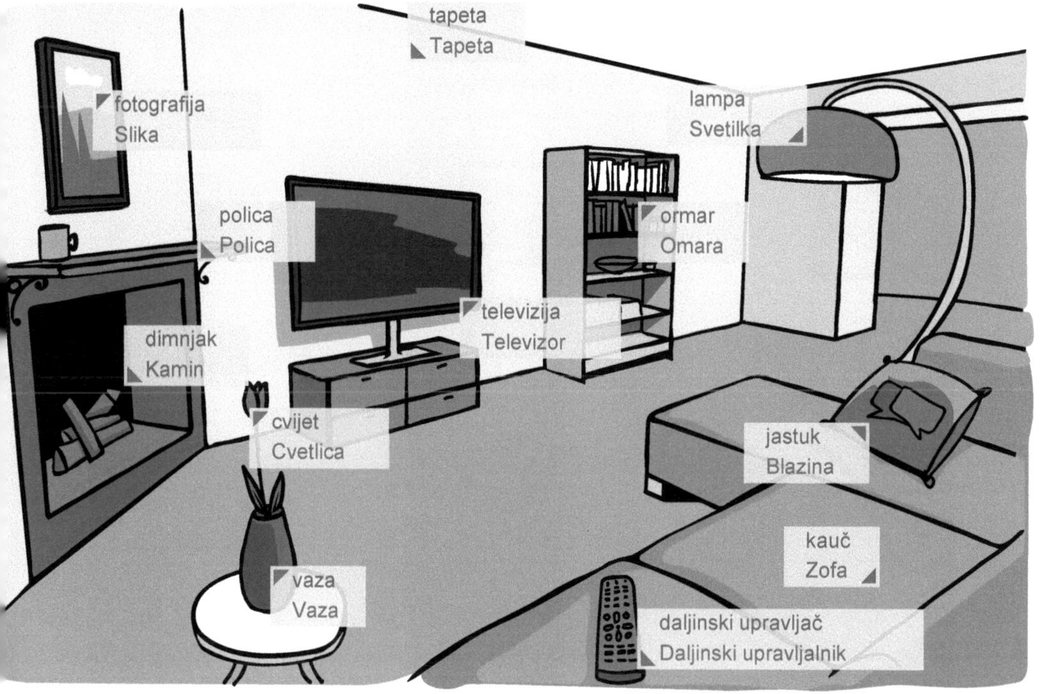

tapeta
Tapeta

fotografija
Slika

lampa
Svetilka

polica
Polica

ormar
Omara

dimnjak
Kamin

televizija
Televizor

cvijet
Cvetlica

jastuk
Blazina

kauč
Zofa

vaza
Vaza

daljinski upravljač
Daljinski upravljalnik

tepih
Preproga

zavjesa
Zavesa

stol
Miza

stolica
Stol

stolica za ljuljanje
Gugalnik

fotelja
Naslanjač

knjiga

Knjiga

deka

Odeja

dekoracija

Dekoracija

ložno drvo

Drva

film

Film

stereo uređaj

Glasbeni stolp

ključ

Ključ

novine

Časopis

umjetnička slika

Slika

poster

Plakat

radio

Radio

blok za bilješke

Beležka

usisavač

Sesalnik

kaktus

Kaktus

svijeća

Sveča

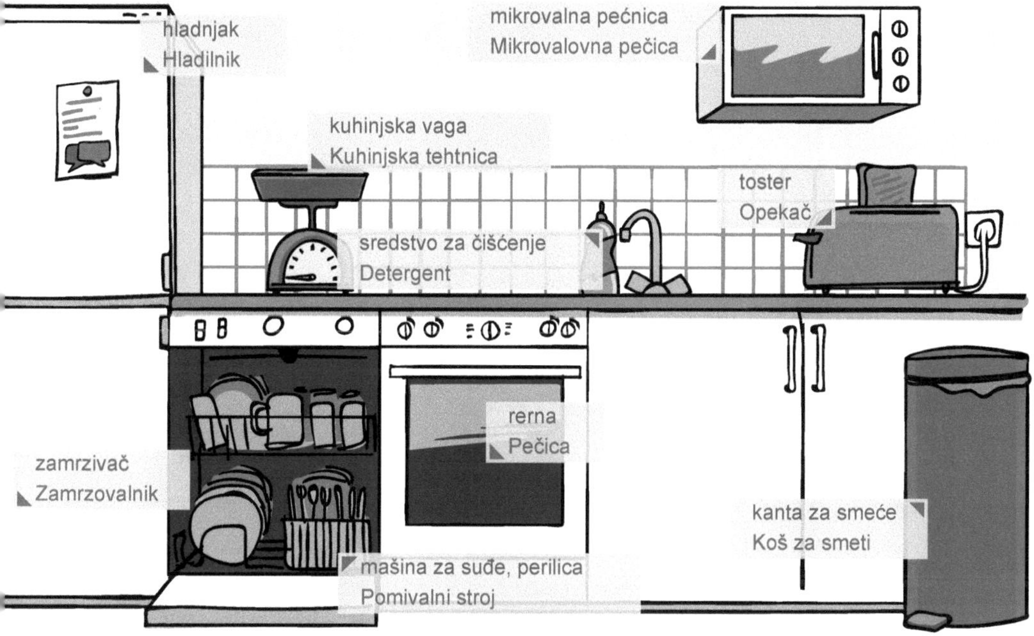

hladnjak
Hladilnik

mikrovalna pećnica
Mikrovalovna pečica

kuhinjska vaga
Kuhinjska tehtnica

toster
Opekač

sredstvo za čišćenje
Detergent

rerna
Pećica

zamrzivač
Zamrzovalnik

kanta za smeće
Koš za smeti

mašina za suđe, perilica
Pomivalni stroj

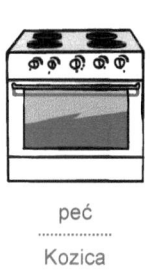

peć

Kozica

lonac

Lonec

metalni lonac

Litoželezni lonec

vok / kadai

Vok / kadai

tava, tiganj

Ponev

kuhalo

Kotliček

aparat za kuhanje na pari

Parni kuhalnik

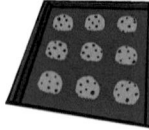

lim za pečenje

Pekač

posuđe

Posoda

šalica

Skodelica

činija

Skleda

kineski štapići

Jedilne paličice

kutlača

Zajemalka

lopatica

Lopatica

metlica za snijeg bjelanjca

Metlica

sito za kuhanje

Cedilnik

sito

Cedilo

ribež

Strgalo

avan s tučkom

Možnar

roštilj

Žar

ložište

Ognjišče

daska
....
Deska za rezanje

oklagija
....
Valjar

vadičep
....
Odpirač za steklenice

konzerva
....
Pločevinka

otvarač za konzerve
....
Odpirač za konzerve

krpe za lonac
....
Prijemalka za posodo

sudoper
....
Korito

četka
....
Ščetka

spužva
....
Goba

mikser
....
Mešalnik

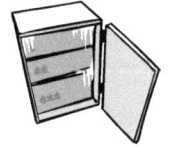

zamrzivač
....
Zamrzovalna skrinja

flašica za bebu
....
Steklenička

slavina
....
Pipa

kupatilo
Kopalnica

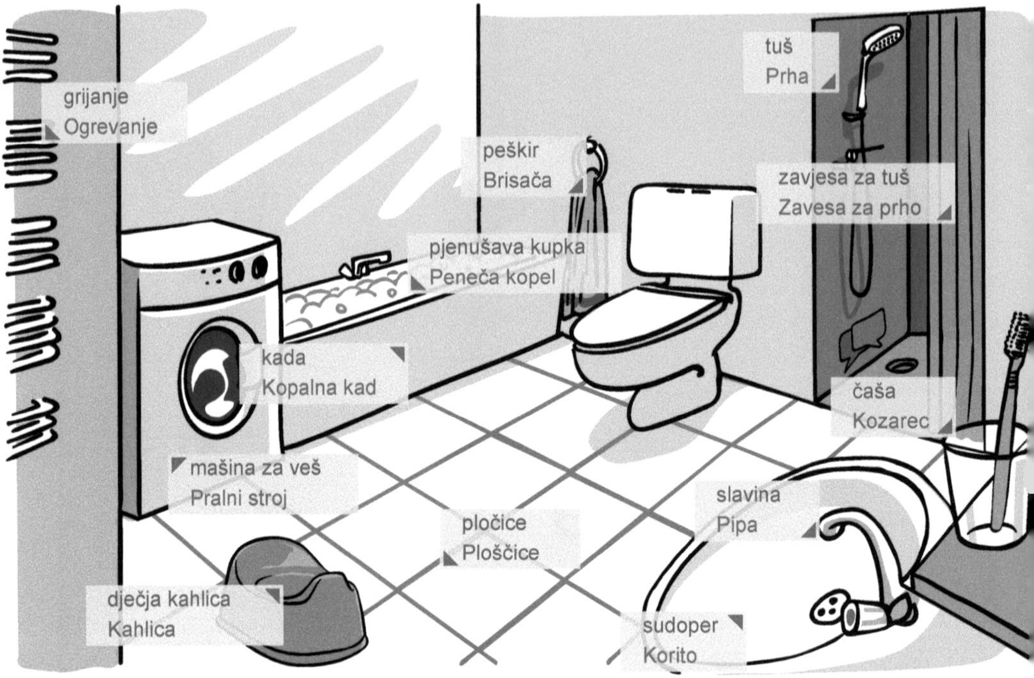

grijanje
Ogrevanje
peškir
Brisača
tuš
Prha
zavjesa za tuš
Zavesa za prho
pjenušava kupka
Peneča kopel
kada
Kopalna kad
čaša
Kozarec
mašina za veš
Pralni stroj
slavina
Pipa
pločice
Ploščice
dječja kahlica
Kahlica
sudoper
Korito

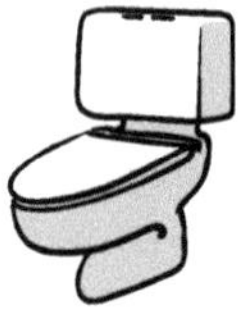

toalet
Stranišče

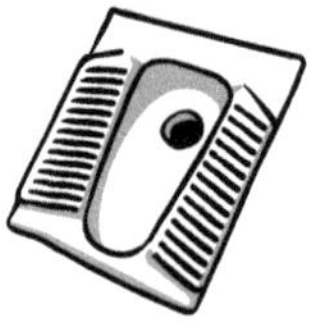

čučavac
Stranišče na počep

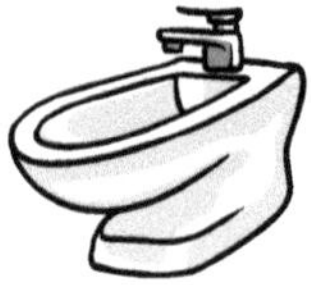

bide
Bide

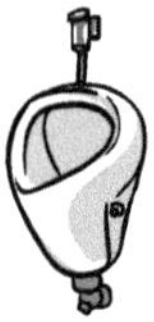

pisoar
Pisoar

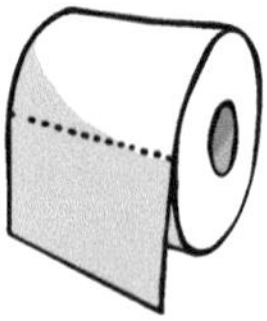

toalet papir
Toaletni papir

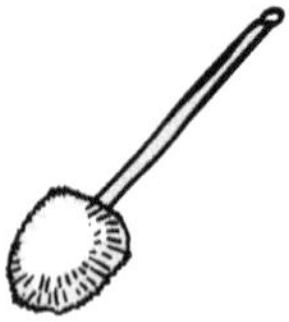

četka za wc
Ščetka za straniščno školjko

četkica za zube

Zobna ščetka

pasta za zube

Zobna pasta

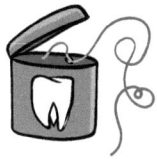

zubni konac

Zobna nitka

prati

Umiti se

tuš

Ročna prha

intimni tuš

Prha za intimne dele

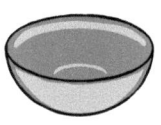

lavor

Umivalnik

četka za leđa

Krtača za hrbet

sapun

Milo

gel za tuširanje

Gel za prhanje

šampon

Šampon

krpe za pranje

Krpica za miljenje

odvod

Odtok

krema

Krema

dezodorans

Deodorant

kupatilo - Kopalnica

ogledalo

Ogledalo

ogledalo za šminkanje

Ročno ogledalo

brijač

Britvica

pjena za brijanje

Pena za britje

vodica poslije brijanja

Vodica po britju

češalj

Glavnik

četka

Ščetka

fen

Sušilnik za lase

sprej za kosu

Lak za lase

puder

Ličila

karmin

Šminka

lak za nokte

Lak za nohte

vata

Vatirane blazinice

makazice za nokte

Škarjice za nohte

parfem

Parfum

kozmetička torbica
....
Toaletna torbica

hoklica
....
Stol brez naslonjala

vaga
....
Osebna tehtnica

kupaći ogrtač
....
Kopalni plašč

rukavice za čišćenje
....
Gumijaste rokavice

tampon
....
Tampon

uložak za dame
....
Damski vložki

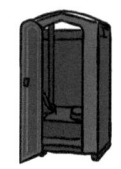

hemijski toalet
....
Kemično stranišče

dječija soba
Otroška soba

budilnik
Budilka
plišana igračka
Plišasta igrača
auto za igru
Avtomobilček
zvečka
Ropotuljica
kućica za lutke
Hiška za punčke
poklon
Darilo

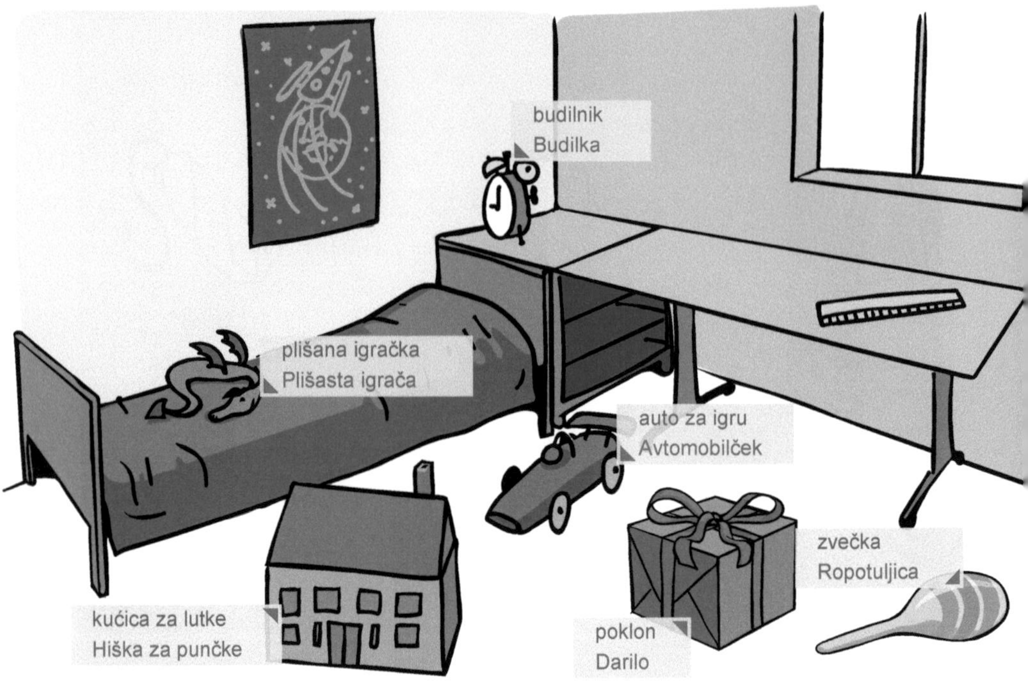

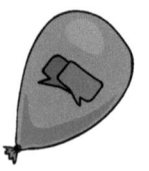

balon
....
Balon

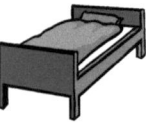

krevet
....
Postelja

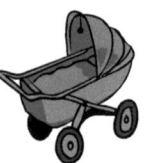

kolica za djecu
....
Otroški voziček

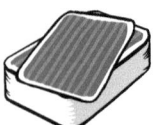

karte za igranje
....
Igralne karte

puzle
....
Sestavljanka

SUPER
MEGA

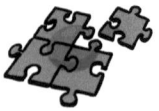

strip
....
Strip

lego kockice

Lego kocke

kockice za gradnju

Igralne kocke

akcione figure

Akcijska figura

benkica

Bodi

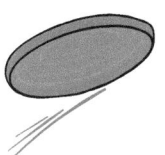

frizbi

Frizbi

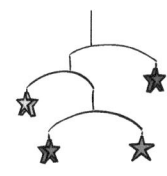

mobile

Vrtiljak za posteljico

igra na ploči

Namizna igra

kocka

Kocka

miniatura željeznice

Komplet modelov vlakov

cucla

Duda

zabava

Zabava

slikovnica

Slikanica

lopta

Žoga

lutka

Lutka

igrati

Igrati se

pješćanik

Peskovnik

ljuljačka

Gugalnica

igračke

Igrače

konzola za igru

Igralna konzola

triciklo

Tricikel

medvjedić

Plišasti medvedek

ormar

Garderoba

odjeća
Oblačilo

kratke čarape

Nogavice

čarape

Samostoječe nogavice

hulahopke

Hlačne nogavice

šal
Šal

kaiš
Pas

kišobran
Dežnik

majica kratkih rukava
Majica s kratkimi rokavi

čizme
Škornji

papuče
Copati

patike
Športni copati

sandale
Sandali

cipele
Čevlji

gumene čizme
Gumijasti škornji

gaće
Spodnje hlače

grudnjak
Modrček

potkošulja
Telovnik

odjeća - Oblačilo

45

bodi
....
Bodi

hlače
....
Hlače

farmerke
....
Kavbojke

suknja
....
Krilo

bluza
....
Bluza

košulja
....
Srajca

džemper
....
Pulover

majica
....
Pletena jopica

sako
....
Jopa

jakna
....
Jakna

mantil
....
Plašč

kišni mantil
....
Dežni plašč

kostim
....
Kostim

haljina
....
Obleka

vjenčanica
....
Poročna obleka

odjeća - Oblačilo

odijelo

Obleka

spavaćica

Spalna srajca

pidžama

Pižama

sari

Sari

marama

Naglavna ruta

turban

Turban

burka

Burka

kaftan

Kaftan

abaja

Abaja

kupaći kostim

Kopalke

kupaće gaće

Kopalne hlače

kratke hlače

Kratke hlače

trenerka

Trenirka

pregača

Predpasnik

rukavice

Rokavice

dugme

Gumb

naočare

Očala

narukvica

Zapestnica

ogrlica

Verižica

prsten

Prstan

naušnica

Uhan

kapa

Kapa

vješalica

Obešalnik

šešir

Klobuk

kravata

Kravata

patentni zatvarač

Zadrga

kaciga

Čelada

tregeri za hlače

Naramnice

školska uniforma

Šolska uniforma

uniforma

Uniforma

odjeća - Oblačilo

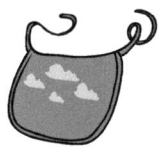

podbradak

Slinček

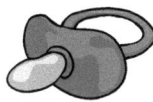

cucla

Duda

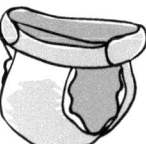

pelene

Plenica

ured
Pisarna

server
Strežnik
ormar za kartoteku
Kartotečna omara
papir
Papir
štampač
Tiskalnik
monitor
Monitor
pisaći sto
Pisalna miza
miš
Miška
registrator
Mapa
tastatura
Tipkovnica
korpa za papir
Koš za smeti
kompjuter
Računalnik
stolica
Stol

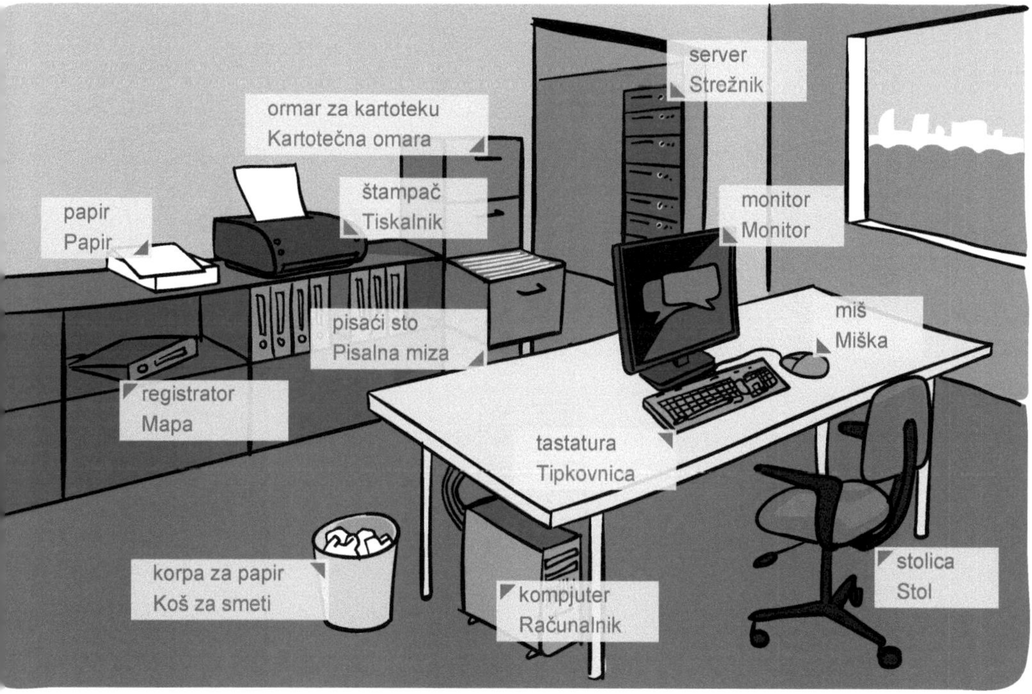

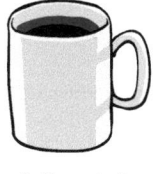

šolja za kafu

Lonček za kavo

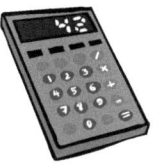

kalkulator

Kalkulator

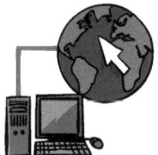

internet

Internet

laptop

Prenosnik

pismo

Pismo

poruka

Sporočilo

mobilni telefon

Mobilnik

mreža

Omrežje

aparat za kopiranje

Kopirni stroj

softver

Programska oprema

telefon

Telefon

utičnica

Vtičnica

faks

Telefaks

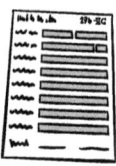

formular

Obrazec

dokument

Dokument

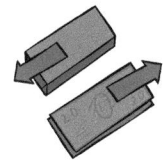

kupovati
Kupiti

platiti
Plačati

trgovati
Trgovati

novac
Denar

dolar
Dolar

euro
Evro

jen
Jen

rublja
Rubelj

franak
Švičarski frank

renminbi jen
Kitajski juan renminbi

rupi
Rupija

bankomat
Bankomat

mjenjačnica

Menjalnica

zlato

Zlato

srebro

Srebro

nafta

Nafta

energija

Energija

cijena

Cena

ugovor

Pogodba

porez

Davek

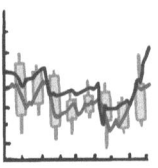

akcija

Delnice

raditi

Delati

službenik

Delojemalec

poslodavac

Delodajalec

fabrika

Tovarna

radnja

Trgovina

zanimanja
Poklici

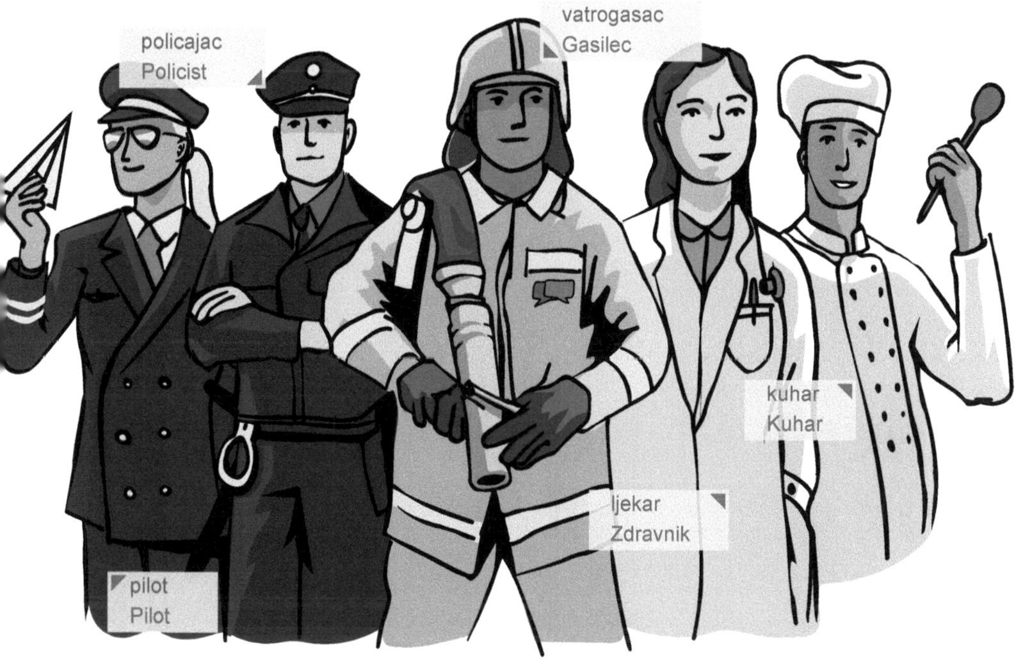
policajac
Policist
vatrogasac
Gasilec
kuhar
Kuhar
ljekar
Zdravnik
pilot
Pilot

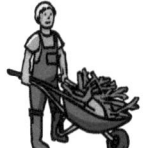

baštovan

Vrtnar

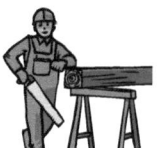

stolar

Mizar

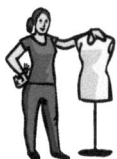

krojačica

Šivilja

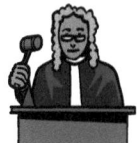

sudija

Sodnik

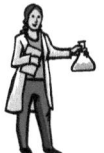

hemičar

Kemik

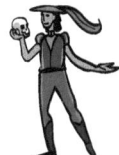

glumac

Igralec

vozač autobusa

Voznik avtobusa

vozač taksija

Taksist

ribar

Ribič

čistačica

Čistilka

krovopokrivač

Krovec

konobar

Natakar

lovac

Lovec

moler

Pleskar

pekar

Pek

električar

Električar

građevinski radnik

Gradbenik

inženjer

Inženir

koljač

Mesar

limar, vodoinstalater

Vodovodni inštalater

poštar

Poštar

vojnik

Vojak

arhitekta

Arhitekt

blagajnik

Blagajnik

cvjećar

Cvetličar

frizer

Frizer

kontrolor

Sprevodnik

mehaničar

Mehanik

kapiten

Kapitan

zubar

Zobozdravnik

naučnik

Znanstvenik

rabin

Rabin

imam

Imam

monah

Menih

sveštenik

Duhovnik

alat
Orodje

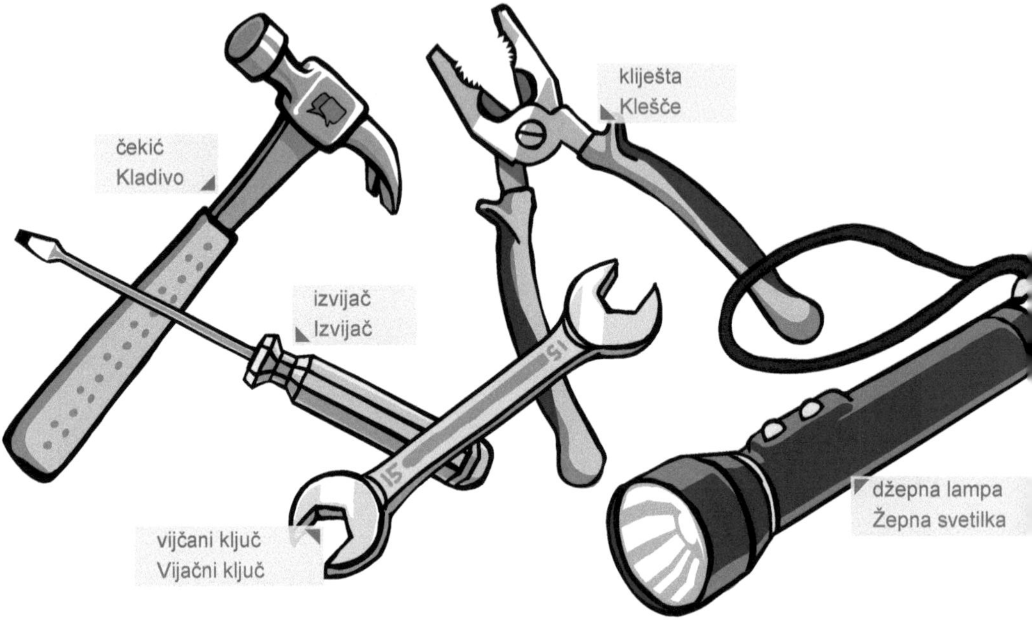
čekić
Kladivo
kliješta
Klešče
izvijač
Izvijač
vijčani ključ
Vijačni ključ
džepna lampa
Žepna svetilka

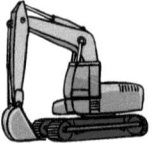

bager
Bager

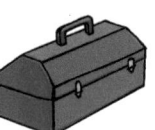

kutija sa alatom
Zaboj z orodjem

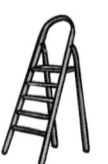

ljestve
Lestev

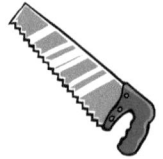

testera, pila
Žaga

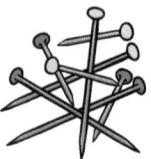

ekser
Žeblji

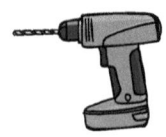

bušilica
Vrtalnik

popraviti

Popraviti

lopata

Lopata

sranje!

Šment!

lopatica

Smetišnica

kanta boje

Posoda z barvo

vijak

Vijaki

muzički instrumenti
Glasbeni instrument

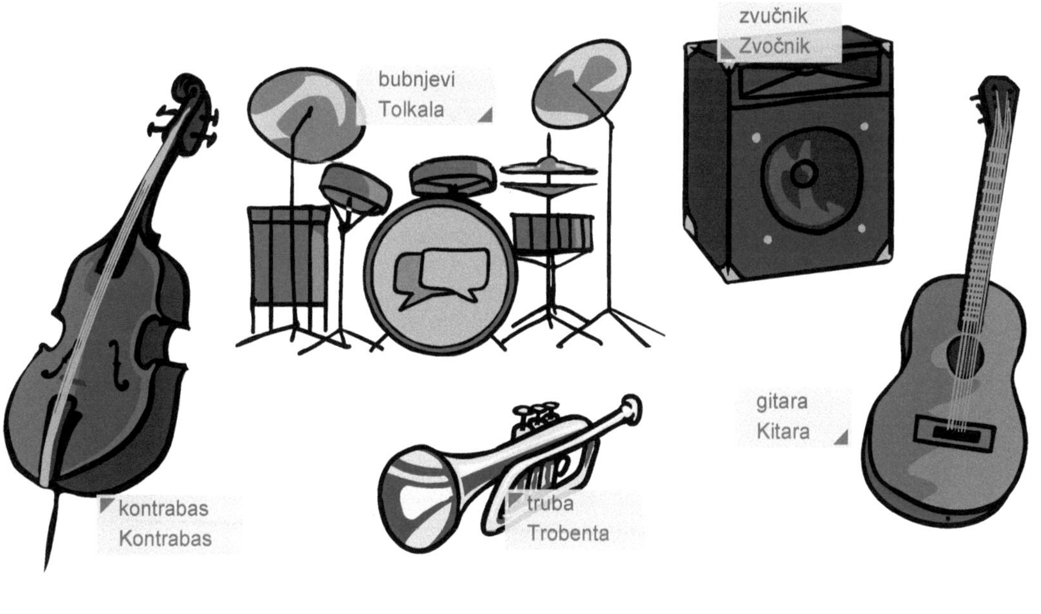

zvučnik
Zvočnik

bubnjevi
Tolkala

gitara
Kitara

kontrabas
Kontrabas

truba
Trobenta

klavir

Klavir

violina

Violina

bas

Bas kitara

bubanj timpani

Pavke

bubanj

Bobni

sintisajzer

Sintetizator

saksofon

Saksofon

flauta

Flavta

mikrofon

Mikrofon

zološki vrt
Živalski vrt

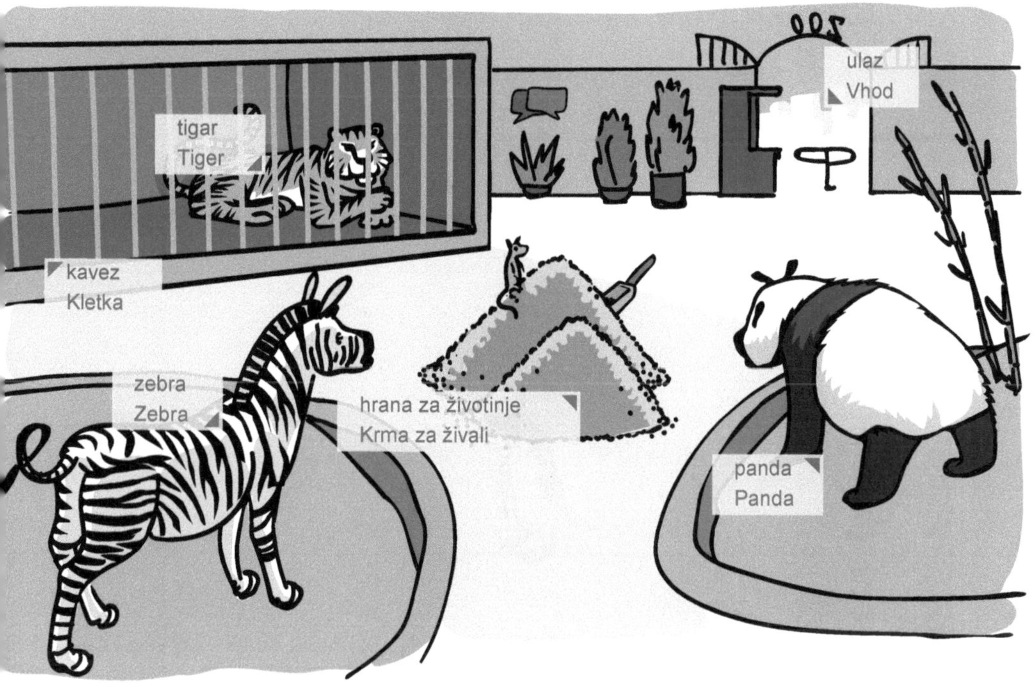
tigar
Tiger
ulaz
Vhod
kavez
Kletka
zebra
Zebra
hrana za životinje
Krma za živali
panda
Panda

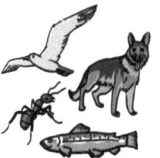

životinje

Živali

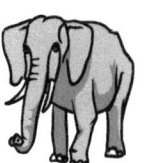

slon

Slon

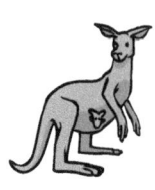

kengur

Kenguru

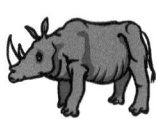

nosorog

Nosorog

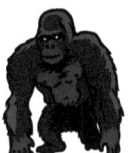

gorila

Gorila

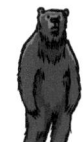

medvjed

Medved

kamila

Kamela

noj

Noj

lav

Lev

majmun

Opica

flamingo

Plamenec

papagaj

Papagaj

polarni medvjed

Severni medved

pingvin

Pingvin

morski pas

Morski pes

paun

Pav

zmija

Kača

krokodil

Krokodil

čuvar u zološkom vrtu

Oskrbnik v živalskem vrtu

tuljan

Tjulenj

jaguar

Jaguar

poni
Poni

leopard
Leopard

nilski konj
Povodni konj

žirafa
Žirafa

orao
Orel

divlja svinja
Divji prašič

riba
Riba

kornjača
Želva

morž
Mrož

lisica
Lisica

gazela
Gazela

američki fudbal
Ameriški nogomet

vožnja bicikla
Kolesarjenje

tenis
Tenis

košarka
Košarka

plivanje
Plavanje

boks
Boks

hokej na ledu
Hokej

fudbal	bedminton	laka atletika
Nogomet	Badminton	Atletika

rukomet	skijanje	polo
Rokomet	Smučanje	Polo

skakati
Skočiti

smijati se
Smejati se

zagrliti
Objeti

ići
Hoditi

pjevati
Peti

sanjati
Sanjati

moliti
Moliti

ljubiti
Poljubiti

pisati
Pisati

crtati
Risati

pokazati
Pokazati

gurati
Potisniti

dati
Dati

uzeti
Vzeti

imati
....
Imeti

raditi
....
Narediti

biti
....
Biti

stajati
....
Stati

trčati
....
Teči

vući
....
Vleči

baciti
....
Vreči

pasti
....
Pasti

ležati
....
Ležati

čekati
....
Čakati

nositi
....
Nositi

sjediti
....
Sedeti

obući
....
Obleči se

spavati
....
Spati

probuditi
....
Zbuditi se

pogledati

Gledati

plakati

Jokati

milovati

Božati

češljati

Česati se

govoriti

Govoriti

razumjeti

Razumeti

pitati

Vprašati

slušati

Poslušati

piti

Piti

jesti

Jesti

pospremiti

Pospraviti

voljeti

Ljubiti

kuhati

Kuhati

voziti

Voziti

letjeti

Leteti

jedriti

Jadrati

računati

Računanje

čitati

Brati

učiti

Učiti se

raditi

Delati

vjenčavti

Poročiti se

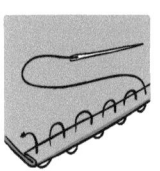

šiti

Šivati

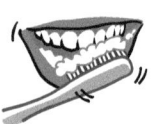

prati zube

Ščetkati si zobe

ubiti

Ubiti

pušiti

Kaditi

slati

Poslati

baka
Stara mati

djed
Stari oče

otac
Oče

majka
Mati

beba
Dojenček

kćerka
Hči

sin
Sin

gost
Gost

ujna, tetka, strina
Teta

ujak, tetak, stric
Stric

brat
Brat

sestra
Sestra

tijelo
Telo

čelo
Čelo
oko
Oko
leđa
Rama
prst
Prst
lice
Obraz
brada
Brada
ruka, šaka
Dlan
noga
Noga
grudi
Prsi
ruka
Roka

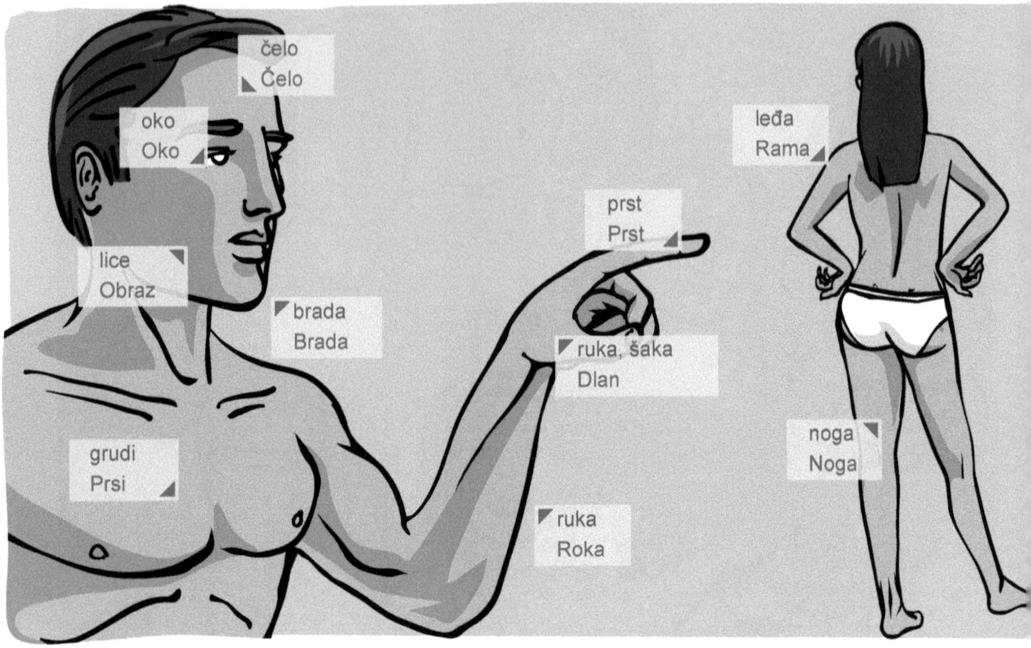

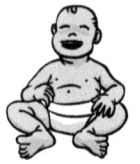

beba
Dojenček

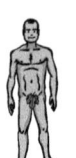

muškarac
Človek

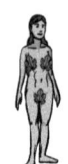

žena
Ženska

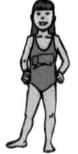

djevojčica
Dekle

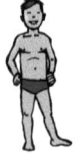

dječak
Fant

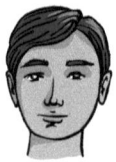

glava
Glava

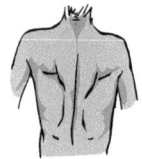

leđa
Hrbet

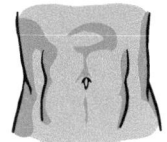

stomak
Trebuh

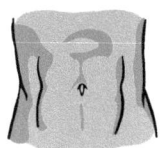

pupak
Popek

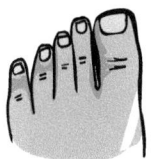

nožni prst
Prst na nogi

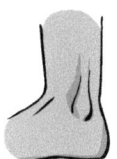

peta
Peta

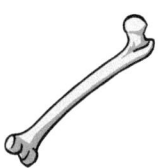

kosti
Kost

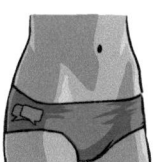

kuk
Kolk

koljeno
Koleno

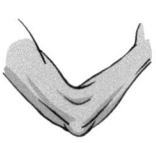

lakat
Komolec

nos
Nos

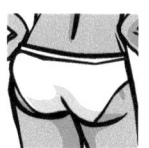

stražnjica
Zadnjica

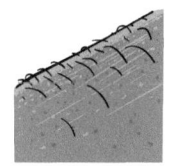

koža
Koža

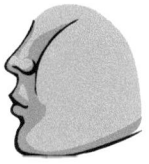

obraz
Lice

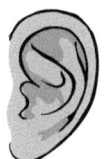

uho
Uho

usna
Ustnica

usta

Usta

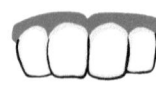

zub

Zob

jezik

Jezik

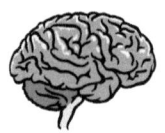

mozak

Možgani

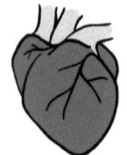

srce

Srce

mišić

Mišica

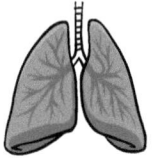

pluća

Pljuča

jetra

Jetra

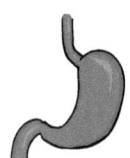

želudac

Želodec

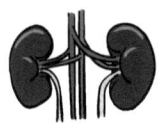

bubreg

Ledvice

spolni odnos

Spolni odnos

kondom

Kondom

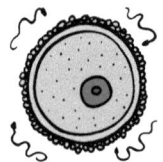

jajna ćelija

Jajčece

sperma

Semenska tekočina

trudnoća

Nosečnost

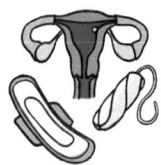

menstruacija

Menstruacija

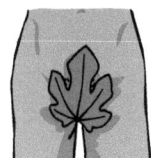

vagina

Vagina

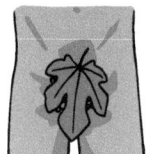

penis

Penis

obrva

Obrv

kosa

Lasje

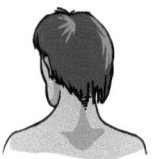

vrat

Vrat

bolnica
Bolnišnica

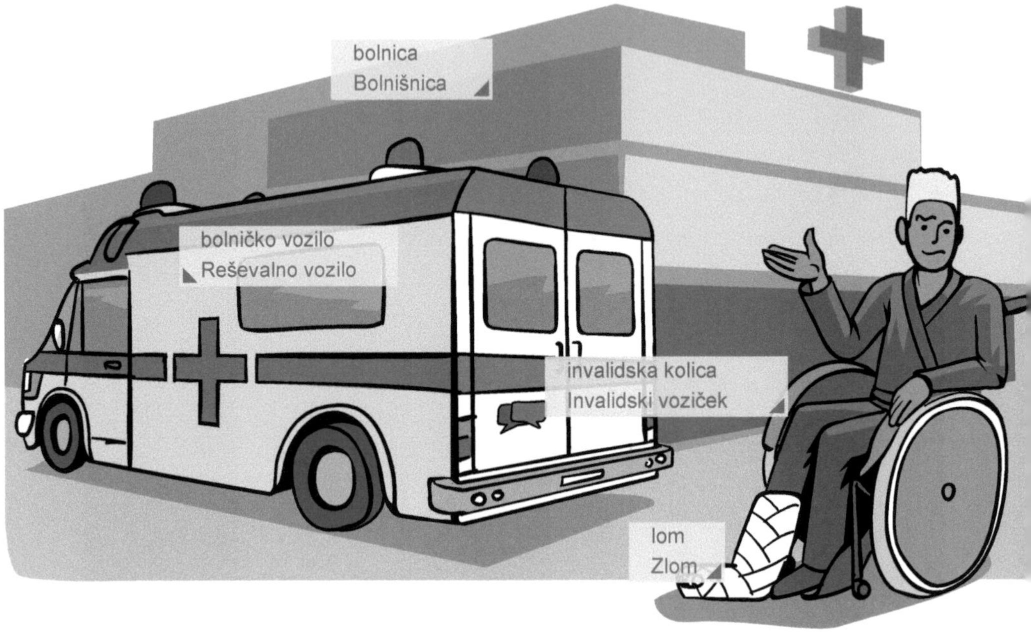

bolnica
Bolnišnica
bolničko vozilo
Reševalno vozilo
invalidska kolica
Invalidski voziček
lom
Zlom

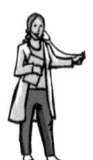

ljekar
Zdravnik

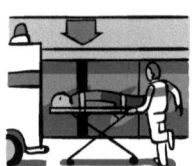

hitna služba
Urgenca

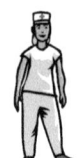

medicinska sestra
Medicinska sestra

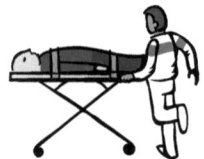

hitna pomoć
Nujni primer

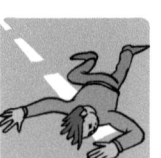

nesvjest
Nezavesten

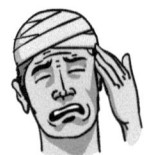

bol
Bolečina

povreda

Poškodba

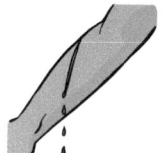

krvarenje

Krvavenje

srčani udar, infarkt

Srčni infarkt

moždani udar

Kap

alergija

Alergija

kašalj

Kašelj

groznica

Vročina

gripa

Gripa

proljev

Driska

glavobolja

Glavobol

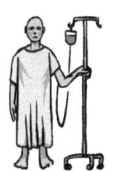

rak

Rak

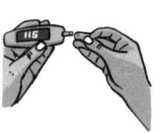

dijabetes

Sladkorna bolezen

hirurg

Kirurg

skalpel

Skalpel

operacija

Operacija

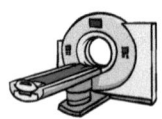

CT

CT

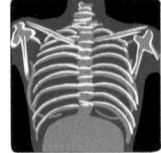

rendgen

Rentgen

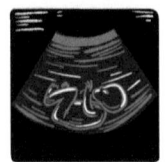

ultrazvuk

Ultrazvok

maska

Obrazna maska

bolest

Bolezen

čekaonica

Čakalnica

štake

Bergla

flaster

Obliž

zavoj

Preveza

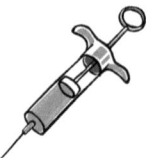

injekcija

Injekcija

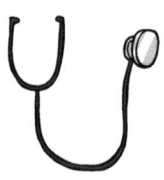

stetoskop

Stetoskop

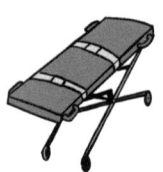

nosilo

Nosila

termometar

Klinični termometer

porod

Porod

prekomjerna težina, debljina

Prekomerna teža

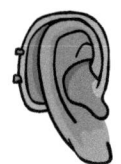

slušni aparat

Slušni pripomoček

sredstvo za dezinfekciju

Razkužilo

infekcija

Okužba

virus

Virus

HIV/ AIDS

HIV / AIDS

medicina

Medicina

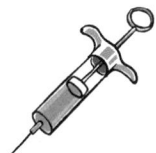

vakcinacija

Cepljenje

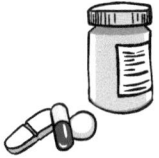

tablete

Tablete

pilula

Tableta

hitni poziv

Klic v sili

aparat za mjerenje pritiska

Merilnik krvnega tlaka

bolestan / zdrav

bolano / zdravo

Upomoć!

Na pomoč!

alarm

Alarm

napad, prepad

Napad

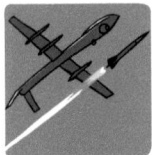

napad

Napad

opasnost

Nevarnost

izlaz u slučaju opasnosti

Izhod v sili

Požar!

Gori!

vatrogasni aparat

Gasilni aparat

nezgoda

Nezgoda

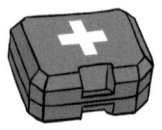

torba prve pomoći

Komplet za prvo pomoč

SOS

SOS

policija

Policija

Europa

Evropa

Sjeverna Amerika

Severna Amerika

Južna Amerika

Južna Amerika

Afrika

Afrika

Azija

Azija

Australija

Avstralija

Atlantik

Atlantski ocean

Pacifik

Tihi ocean

Indijski okean

Indijski ocean

Antarktički okean

Južni ocean

Arktički okean

Arktični ocean

Sjeverni pol

Severni tečaj

Južni pol
....
Južni tečaj

Antarktik
....
Antarktika

Zemlja
....
Zemlja

zemlja
....
Kopno

more
....
Morje

ostrvo
....
Otok

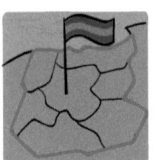

nacija
....
Narod

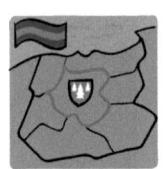

država
....
Država

brojčanik sata

Številčnica

kazaljka sata

Urni kazalec

kazaljka minute

Minutni kazalec

kazaljka sekunde

Sekundni kazalec

Koliko je sati?

Koliko je ura?

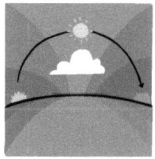

dan

Dan

vrijeme

Čas

sada

Zdaj

digitalni sat

Digitalna ura

minuta

Minuta

sat

Ura

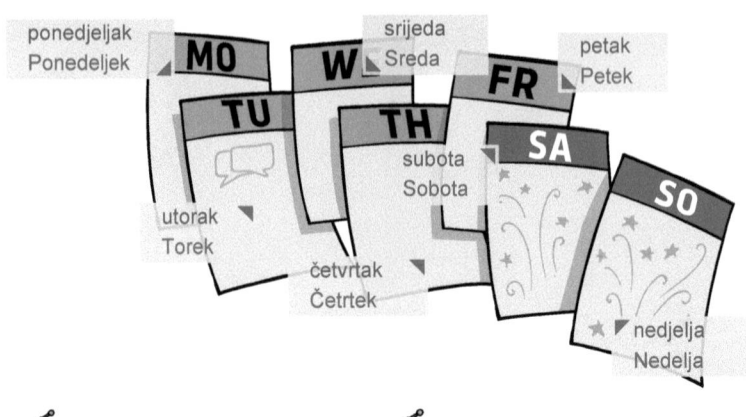

ponedjeljak
Ponedeljek

srijeda
Sreda

petak
Petek

utorak
Torek

subota
Sobota

četvrtak
Četrtek

nedjelja
Nedelja

juče

Včeraj

danas

Danes

sutra

Jutri

jutro

Jutro

podne

Poldne

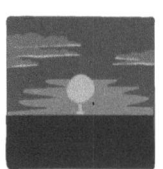

veče

Večer

MO	TU	WE	TH	FR	SA	SU
1	2	3	4	5	6	7
8	9	10	11	12	13	14
15	16	17	18	19	20	21
22	23	24	25	26	27	28
29	30	31	1	2	3	4

radni dani

Delovni dnevi

MO	TU	WE	TH	FR	SA	SU
1	2	3	4	5	6	7
8	9	10	11	12	13	14
15	16	17	18	19	20	21
22	23	24	25	26	27	28
29	30	31	1	2	3	4

vikend

Konec tedna

godina
Leto

kiša
Dež
duga
Mavrica
vjetar
Veter
snijeg
Sneg
proljeće
Pomlad
ljeto
Poletje
jesen
Jesen
zima
Zima

4.APRIL 11°
5.APRIL 4°
6.APRIL 13°
7.APRIL 8°
8.APRIL 10°

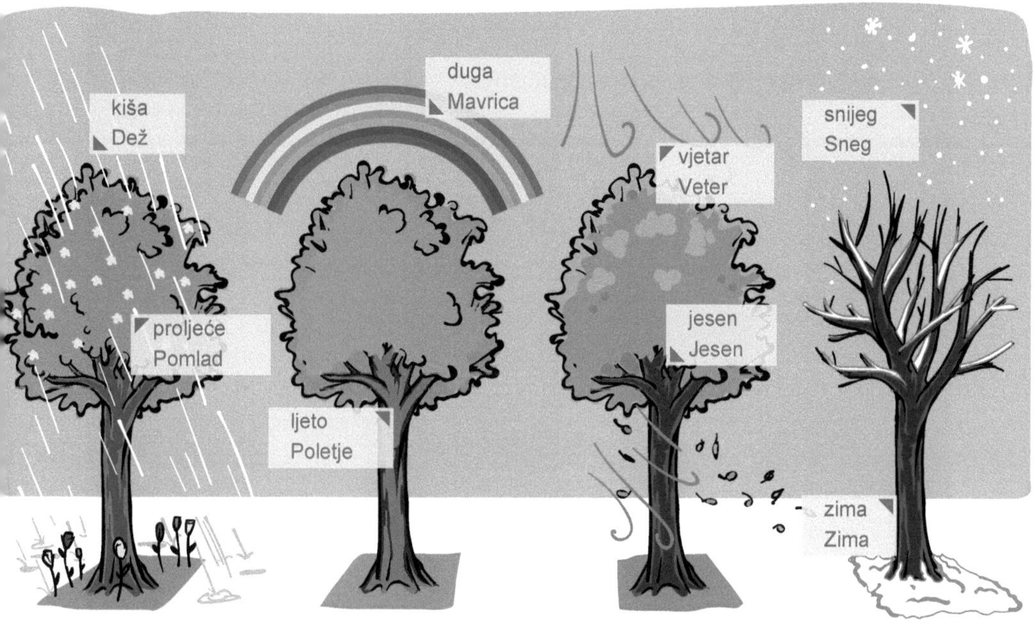

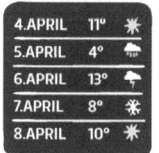

prognoza vremena
....
Vremenska napoved

F C
120 40
90 30
60 20
30 10
0 0
-30 -10
-20

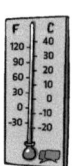

termometar
....
Termometer

sunčev sjaj
....
Sončna svetloba

oblak
....
Oblak

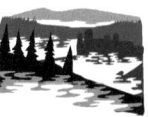

magla
....
Megla

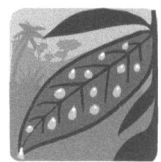

vlažnost vazduha
....
Vlažnost

munja

Strela

grom

Grom

oluja

Nevihta

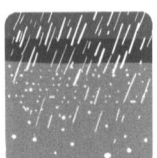

tuča, led

Toča

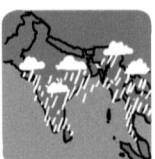

monsun

Monsun

poplava

Poplava

led

Led

januar

Januar

februar

Februar

mart

Marec

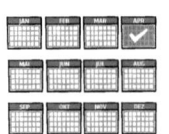

april

April

maj

Maj

juni

Junij

juli

Julij

avgust

Avgust

godina - Leto

septembar

September

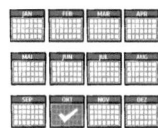

oktobar

Oktober

novembar

November

decembar

December

oblici

Oblike

krug

Krogla

kvadrat

Kvadrat

pravougao

Pravokotnik

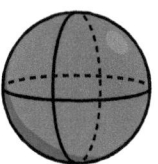

trougao

Trikotnik

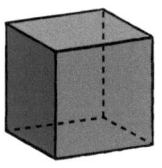

kugla

Krogla

kocka

Kocka

bjel
....
Bela

žut
....
Rumena

narandžast
....
Oranžna

pink
....
Rožnata

crven
....
Rdeča

ljubičast
....
Vijolična

plav
....
Modra

zelen
....
Zelena

smeđ
....
Rjava

siv
....
Siva

crn
....
Črna

malo / mnogo

veliko / malo

ljutit / miran

jezno / umirjeno

lijep / ružan

lepo / grdo

početak / kraj

začetek / konec

veliki / mali

veliko / majhno

svijetlo / tamno

svetlo / temno

brat / sestra

brat / sestra

čist / prljav

čisto / umazano

potpun / nepotpun

popolno / nepopolno

dan / noć

dan / noč

mrtav / živ

mrtvo / živo

široko / usko

široko / ozko

ukusno / neukusno

užitno / neužitno

zao / prijatan

zlobno / prijazno

uzbuđen / dosadan

vznemirjeno / zdolgočaseno

debeo / mršav

debelo / vitko

najprije / najkasnije

prvo / zadnje

prijatelj / neprijatelj

prijatelj / sovražnik

pun / prazan

polno / prazno

trvd / mekan

trdo / mehko

težak / lagan

težko / lahko

glad / žeđ

lakota / žeja

bolestan / zdrav

bolano / zdravo

ilegalan / legalan

nezakonito / zakonito

inteligentan / glup

pametno / neumno

lijevo / desno

levo / desno

blizu / daleko

blizu / daleč

suprotnosti - Nasprotja

nov / polovan

novo / rabljeno

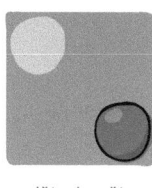

ništa / nešto

nič / nekaj

star / mlad

staro / mlado

uključeno / isključeno

vklopljeno / izklopljeno

otvoreno / zatvoreno

odprto / zaprto

tiho / glasno

tiho / glasno

bogat / siromašan

bogato / revno

tačno / pogrešno

prav / narobe

hrapav / glatak

grobo / gladko

tužan / srećan

žalostno / veselo

kratak / dug

kratko / dolgo

spor / brz

počasi / hitro

mokro / suho

mokro / suho

toplo / hladno

toplo / hladno

rat / mir

vojna / mir

0	**1**	**2**
nula	jedan	dva
Ničla	Ena	Dva
3	**4**	**5**
tri	četiri	pet
Tri	Štiri	Pet
6	**7**	**8**
šest	sedam	osam
Šest	Sedem	Osem
9	**10**	**11**
devet	deset	jedanaest
Devet	Deset	Enajst

12

dvanaest

Dvanajst

13

trinaest

Trinajst

14

četrnaest

Štirinajst

15

petnaest

Petnajst

16

šesnaest

Šestnajst

17

sedamnaest

Sedemnajst

18

osamnaest

Osemnajst

19

devetnaest

Devetnajst

20

dvadeset

Dvajset

100

sto

Sto

1.000

hiljada

Tisoč

1.000.000

milion

Milijon

engleski

Angleščina

američi engleski

Ameriška angleščina

kinesko mandarinski

Mandarinščina

hindi

Hindujščina

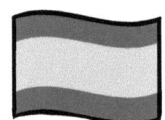

španski

Španščina

francuski

Francoščina

arapski

Arabščina

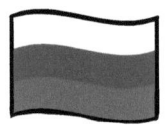

ruski

Ruščina

portugalski

Portugalščina

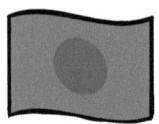

bengalski

Bengalščina

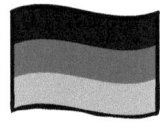

njemački

Nemščina

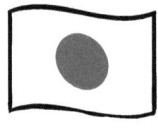

japanski

Japonščina

ja
Jaz

ti
Ti

on / ona / ono
On / ona / tisto

mi
Mi

vi
Vi

oni
Oni

ko?
Kdo?

šta?
Kaj?

kako?
Kako?

gdje?
Kje?

kada?
Kdaj?

ime
Ime

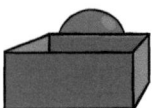

iza

Zadaj

u

V

pred

Pred

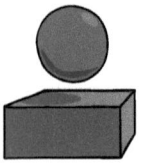

iznad

Nad

na

Na

ispod

Pod

pored

Poleg

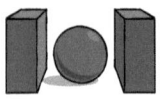

između

Med

mjesto

Kraj